친구 관계를 단단히 해 주는
25가지 말과 행동

진짜 우정은 반짝반짝 빛나요

어린이 생활 사전 02 우정
친구와 주고받는 따뜻한 마음
진짜 우정은 반짝반짝 빛나요

1판 1쇄 발행 2024년 3월 20일

김수현 글 · 장선환 그림
펴낸곳 머핀북 · 펴낸이 송미경 · 편집 skyo0616 · 디자인 최수정
출판등록 제2022-000122호 · 주소 (우)04167 서울시 마포구 큰우물로76 403호
전화 070-7788-8810 · 팩스 0504-223-4733 · 전자우편 muffinbook@naver.com
인스타그램 muffinbook2022 · 블로그 blog.naver.com/muffinbook

ISBN 979-11-93798-01-0 73190

책값은 뒤표지에 있습니다.
잘못된 책은 구입하신 서점에서 바꾸어 드립니다.
이 책은 저작권법에 따라 보호받는 저작물이므로 무단 전재와 복제를 금합니다.
이 책의 내용을 이용하려면 반드시 저작권자와 머핀북의 동의를 받아야 합니다.

어린이제품 안전특별법에 의한 기타표시사항
제품명 도서 | 제조자명 머핀북 | 제조국명 한국 | 사용연령 8세 이상
KC마크는 이 제품이 공통안전기준에 적합하였음을 의미합니다.

친구 관계를 단단히 해 주는
25가지 말과 행동

진짜 우정은 반짝반짝 빛나요

김수현 글 장선환 그림

머핀북

여러분, '사랑'이 무엇인가요? 여러분은 언제 처음 '사랑'이라는 말을 배웠을까요? '사랑'은 눈에 보이는 것도 아닌데 말이죠. '사랑'을 국어사전에서 찾아봤어요.

'어떤 사람이나 존재를 몹시 아끼고 귀중히 여기는 마음. 또는 그런 일.'

상대방을 아끼고, 귀중히 여기는 마음이 바로 '사랑'이래요. 그런데 사랑에도 이름이 있는 것을 아나요? 무엇을 사랑하느냐에 따라 그 이름이 달라진답니다. 대단한 업적을 세운 사람이나 본받고 싶은 사람을 사랑하는 것은 '존경'이라고 부르고, 어렸을 때부터 아끼고 사랑하는 인형이 있다면 그건 '애착'이라고 부르죠. 그리고 친구를 사랑하는 것을, 우리는 '우정'이라고 불러요.

우정이 꼭 필요하냐고 묻는다면, 전 '네! 무조건 필요합니다!'라고 말할 거예요. 학교를 좋아하는 친구들에게 물어보면, 대개 학교에서 친구들과 놀 때가 제일 좋다고 대답해요. 우정이 돈독한 친구들은 학교가 재미있을 수밖에요.

여러분은 앞으로 인생에서 참 좋은 사람들을 많이 만나게 될 거예요. 그런데 여러분이 지금 학교에서 만나고 있는 친구들도 참 좋은 사람들입니다. 참 좋은 친구들과 끈끈한 우정을 쌓고 잘 유지하는 방법을 이 책을 통해 배우기 바랍니다.

김수현

차례

작가의 말 우정이 꼭 필요한가요?　　　　　　　4

배려하고 존중하기

- 01 친구의 선물이 마음에 안 들어요　　　　8
- 02 친구와 취향이 달라서 힘들어요　　　　12
- 03 친구와 나의 기억이 달라요　　　　　　16
- 04 친구들이 실수한 아이를 몰아세워요　　20
- 05 모둠 활동에서 하고 싶은 것이 있어요　24

용기 내어 거절하기

- 06 화장실에서 친구가 양보해 달래요　　　28
- 07 자기 입장만 생각하는 친구가 얄미워요　32
- 08 친구가 내 필통을 마음대로 뒤져요　　　36
- 09 친구가 내 말을 자주 가로채요　　　　　40
- 10 친구 뜻대로 맞춰 주려니 힘들어요　　　44

진심으로 표현하기

- 11 학급 회장이 힘들어 보여요　　　　　　48
- 12 싸운 친구와 화해하고 싶어요　　　　　52
- 13 친구에게 거짓말로 둘러댔어요　　　　　56
- 14 아픈 친구가 오랜만에 등교했어요　　　60
- 15 친구가 모둠 활동을 방해해요　　　　　64

당당하게 말하기

16	친구가 자꾸 약속을 어겨요	68
17	친구가 자기 말이 옳다고 우겨요	72
18	친구가 내 이름을 가지고 놀려요	76
19	친구가 둘만의 비밀을 떠벌려요	80
20	친구가 내 탓을 해요	84

단단한 마음 기르기

21	친구가 툭하면 욕을 해요	88
22	상을 받은 친구가 샘나요	92
23	친구가 험담을 많이 해요	96
24	친구가 따돌림을 당해요	100
25	친구의 잘못을 지적하기 어려워요	104

| 부록 1 | 진정한 친구를 찾는 법 | 108 |
| 부록 2 | 친구 관계에 도움이 되는 말! 말! 말! | 110 |

01 친구의 선물이 마음에 안 들어요

야호! 드디어 내 생일날! 친구들이 저마다 선물을 가져와 생일을 축하해 주네요. 그런데 지민이 선물은 연필과 지우개 세트예요. 이런 건 너무 많은데…. 지민이한테 괜히 서운하기까지 해요. 이럴 땐 어떻게 하죠?

1

와, 잘 쓸게.

기대했던 건 아니지만….

원하던 건 아니지만 고맙다고 말한다. 선물에 친구의 진심이 담겨 있으니까.

지민이 생일 때 똑같이 연필을 선물한다. 그저 그런 선물을 받을 때 어떤 기분인지 지민이도 알아야 한다.

마음에 드는 선물을 순서대로 주르르 진열한다. 당연히 연필이 꼴찌!

정답은 다음 쪽에서 확인!

정답 1

생일이 되면 설레고 기뻐요. 많은 사람들이 내가 이 세상에 태어난 것을 축하해 주고, 선물도 받을 수 있으니까요. 그런데 모든 선물이 다 마음에 들진 않을 거예요. 내게는 필요 없는 물건일 수 있고, 이미 가지고 있는 물건일 수도 있어요. 내가 좋아하지 않는 캐릭터가 그려져 있을 수도 있지요. 하지만 이건 꼭 기억해야 해요. 정성껏 선물을 준비한 친구의 마음, 진심으로 축하해 주는 친구의 마음 말이에요. 선물은 물건 그 자체보다 친구의 마음이 담겨 있어서 소중한 거니까요. 우리 그 마음에 집중해 보도록 해요.

살다 보면 서운한 마음을 뒤로 감춰야 할 때가 있어요. 반면 고마운 마음은 무조건 앞에 꺼내 보여야 해요. 선물을 준비한 친구에게 활짝 웃으며 고맙다고 말해 주세요. 선물의 내용보다 중요한 것은 그 아이가 내 소중한 친구라는 사실을 잊지 말아요!

서운한 마음은 뒤로, 고마운 마음은 앞으로!

나를 위해 선물을 준비한 친구의 마음을 먼저 헤아려 보세요.
그리고 친구에게 어떻게 말하면 좋을지 빈칸에 적어 보아요.

 선물이 마음에 안 든다고 불만을 표현하는 대신, '언젠가 필요할 수 있으니까 잘 챙겨 둬야지.' 하는 긍정적인 마음을 가져 보아요.

친구와 취향이 달라서 힘들어요

친구와 밸런스 게임을 했어요. 친구는 짬뽕보다 짜장면, 미술보다 음악, 노랑보다 초록, 바지보다 치마, 책보다 게임을 더 좋아해요. 나랑 맞는 게 하나도 없는 친구, 오래 갈 수 있을까요?

맞는 게 하나도 없으면 싸울 가능성이 크니 적당히 거리를 둔다.

서로 다른 점은 이해해 주면서, 내게 없는 장점을 배울 기회라고 생각한다.

친구를 점점 멀리하면서 나와 취향이 꼭 같은 다른 친구를 찾아본다.

정답은 다음 쪽에서 확인!

정답 2

여러 친구들과 지내 보면, 나랑 성격이 비슷한 친구도 있고 완전히 정반대인 친구도 있어요. 같은 부모님에게서 태어난 형제자매도 성격이 제각각인걸요. 생김새도 다르고요. 이렇게 우리는 제각기 다른 개성을 가진, 이 세상에 단 하나뿐인 존재들이에요. 그 누구와도 똑같을 수 없어요. 어쩌다 성격과 취향이 비슷한 친구를 만날 수는 있지만, 사실 흔한 일은 아니지요.

그런데 성격과 취향이 같으면 다른 사람들보다 더 빨리 친한 사이가 될까요? 그건 아니랍니다. 나와 모든 것이 극과 극으로 달라도 충분히 잘 지낼 수 있어요. 오히려 서로에 대해 더 흥미를 가지게 되면서 서로를 있는 그대로 존중하는 멋진 친구가 될 수 있답니다.

친구를 있는 모습 그대로 인정해요

 다양한 생각과 취향을 가진 사람들과 어울리다 보면 나도 조금씩 달라진답니다. 그러니 나와 맞지 않는 친구에게 선을 그을 게 아니라 열린 마음으로 친구의 장점과 매력을 찾아보세요.

친구와 나의 기억이 달라요

친구가 나 때문에 넘어졌다고 선생님께 일렀어요. 내가 일부러 발을 걸었 대요. 그런데 정말 저는 기억이 하나도 안나요. 어떡하죠?

기억이 없는 일을 사과할 필요는 없다.
절대 사과하지 않는다.

기억이 없다고 정확히 말하되, 나도 모르는 사이 실수했다면 앞으로 조심하겠다고 말한다.

선생님 앞이니 일단 사과한 후, 나중에 친구를 따로 불러서 따진다.

정답은 다음 쪽에서 확인!

정답 2

우리는 교실에서 많은 친구들과 함께 지내요. 공간은 한정되어 있는데 사람은 많다 보니 친구끼리 부대끼는 일이 종종 있지요. 그 과정에서 의도와 다르게 친구를 밀치기도 하고, 잡아당길 수도 있어요. 일부러 발을 건 게 아닌데 친구가 내 발에 걸려 다치는 경우도 충분히 일어날 수 있고요. 그리고 나의 모든 행동과 말을 완벽하게 기억할 수 없기 때문에, 기억에 없더라도 정말 내가 잘못했을 수 있어요. 그러니 일단 친구에게 조심하겠다고 말하는 것이 좋겠어요.

반대로 내가 친구로 인해 속상한 일을 겪더라도 무조건 선생님께 달려가 도움을 청할 게 아니라 신중하게 행동할 필요가 있어요. 우선 친구에게 다가가, 너 때문에 많이 아팠고 하마터면 크게 다칠 뻔했다고 속상한 마음을 털어놓아 보세요. 어쩌면 친구랑 둘이서 기분 좋게 사과하고 해결할 수 있을지 몰라요.

나도 모르게 하는 실수를 인정해요

깨알 우정 친구와 갈등이 생겼을 때 가장 좋은 해결 방법은 서로의 마음을 솔직하게 이야기하는 거예요. 왜 기분이 나빴는지, 어떤 점이 문제였는지 알아보며 서로를 이해하기 위해 노력하는 태도가 가장 중요하답니다.

친구들이 실수한 아이를 몰아세워요

운동회 날이에요. 이어달리기 대표 선수로 출전한 친구가 배턴을 놓치는 실수를 했어요. 우리 팀이 지자, 반 아이들 모두가 그 친구를 탓하네요. 이럴 땐 어떻게 해야 할까요?

친구가 실수한 이유를 정확히 알려 준다. 그래야 다음번에 이길 수 있으니까.

너무 속상해서 나도 같이 친구를 비난한다.

최선을 다한 친구를 위로해 준다.

정답은 다음 쪽에서 확인!

정답 ③

모두가 꼭 이기길 바라는 경기였다면, 친구의 실수가 너무 아쉽고 속상했겠어요. 하지만 친구가 일부러 실수한 건 아니잖아요. 우리는 누구나 실수를 한답니다. 게다가 친구는 반 대표로 경주에 출전했으니 얼마나 떨렸을까요? 너무 떨려서 평소 실력을 발휘하지 못했을 수도 있겠네요. 원숭이도 나무에서 떨어질 때가 있는 법이잖아요? 친구도 평소에는 잘하다가 그날만 실수한 거잖아요. 아쉽고 속상한 건 잘 알지만, 그 마음을 너무 크게 표현하지 않도록 해요. 왜냐하면 제일 속상한 사람은 실수한 친구니까요. 아마 엄청 잘하고 싶었을 텐데, 자신 때문에 경주를 졌다는 죄책감에 밤에 잠도 제대로 못 잘지 몰라요. 이럴 때 필요한 건 야유가 아니라 격려와 응원 그리고 따뜻한 위로랍니다.

실수한 친구를 토닥이며 위로해요

깨알 우정 실수한 친구는 자신의 못난 모습만 계속 부풀리며 스스로를 괴롭히고 있을 거예요. 친구에게 실수 한 번 했다고 너에 대한 마음이 바뀌지 않으며, 너의 모든 점을 있는 그대로 좋아한다고 말해 주세요. 그 말을 들은 친구는 실수를 털고 금방 다시 일어설 거예요.

모둠 활동에서 하고 싶은 것이 있어요

모둠 활동 시간이에요. 아이디어가 많이 떠올라서 신나게 이야기했어요. 그런데 다른 친구들이 좀처럼 반응이 없네요. 너무 제 의견만 이야기한 걸까요? 이제 어떡해야 하죠?

내 생각만 강요할 게 아니라, 친구들의 의견도 열심히 묻고 경청한다.

나 혼자 모둠을 이끌어 가는 것 같다. 제발 의견 좀 내라고 친구들에게 화를 낸다.

친구들은 내가 다 알아서 해 주니까 고마울 것이다. 더 열심히 내 의견을 말한다.

정답은 다음 쪽에서 확인!!

정답 **1**

기발한 생각이 번뜩 떠오르면, 내 아이디어가 세상에서 제일 빛나 보여요. 그래서 다른 친구들에게 내 의견을 신나게 얘기하게 되지요. 다행히 친구들도 반응이 좋으면 상관없는데, 때로는 예상과 달리 친구들의 표정이 딱딱해질 때가 있어요. 그건 바로 너무 내 의견만 주장해서 그런 것이랍니다. 고집을 계속 피우면 친구들은 말이 안 통한다고 생각해 입을 꽉 닫고 나의 얘기를 더더욱 듣지 않을 거예요. 그러니 친구들에게 "너희들 생각은 어때?"라고 꼭 물어보세요. 아무리 좋은 아이디어라도 분명 단점이 있을 테니까요. 그리고 친구들이 내 의견의 단점을 보완해 줄 새로운 아이디어를 얘기해 줄 수도 있어요. 여럿이 머리를 맞대면 맞댈수록 더 좋은 생각들이 샘솟을 테니, 친구들의 의견을 꼭 물어 가면서 나의 주장을 펴도록 해요.

다양한 의견에 귀를 기울여요

내 생각은 이런데, 넌 어때?

우리 둘의 생각을 합치면 훨씬 근사하겠는데?

더 좋은 아이디어가 있어?

아, 그럴 수 있겠다. 그건 미처 생각 못 했네.

 모둠 활동뿐만 아니라 친구들과 함께할 때는 서로의 의견에 귀 기울이는 태도가 매우 중요해요. 내 의견을 존중받고 싶다면 내가 먼저 친구의 의견을 존중하도록 노력하세요.

화장실에서 친구가 양보해 달래요

드디어 쉬는 시간! 아까부터 화장실에 가고 싶은 걸 참고 또 참았어요. 얼른 화장실로 달려가 줄을 섰는데, 뒤에 서 있던 친구가 갑자기 차례를 바꿔 달라고 해요. 이런 상황에서는 어떻게 해야 할까요?

나랑 제일 친한 친구니까 무조건 양보해 준다.

차례를 지키는 게 원칙! 절대 양보하지 않는다.

친구에게 급한 사정이 있는지 물어보고 결정한다.

정답은 다음 쪽에서 확인!

정답 ③

나랑 친하다는 이유만으로 친구에게 무조건 양보해야 할까요? 그렇지 않아요. 왜냐하면 나도 화장실에 온 이유가 분명히 있으니까요. 친구를 배려하다가 오히려 내가 큰 실수를 저지를 수도 있고요. 그보다는 친구가 나보다 더 급한 상황인지 알아보는 게 중요해요. "나도 꽤 오래 참아서 급한데, 너도 그래? 혹시 배가 많이 아파?" 하고 물어보세요. 친구가 나보다 상황이 심각하고, 나는 좀 참을 만하다면 양보해 줘야지요.

그런데 혹시 친구가 화장실에서도, 급식실에서도, 교실에서 줄을 설 때도 계속 차례를 바꿔 달라고 하나요? 그렇다면 사정이 급한 게 아니라, 무슨 일이든 먼저 하고 싶은 마음이 큰 친구예요. 아무리 친한 사이라도 매번 일방적으로 양보하면 나뿐만 아니라 함께 줄을 서 있는 다른 친구들까지 속상해져요. 꼭 양보해야 할 상황이 아니라면, 정중히 거절해 보세요.

무조건 양보할 필요 없어요

예의를 갖추어 거절하면 친구가 마냥 서운해하지 않을 거예요.
여러분이라면 어떻게 말할지 빈칸에 적어 보아요.

깨알 우정 내가 부탁을 거절하면 친구가 나한테 실망할까 봐, 사이가 틀어질까 봐 걱정되나요? 하지만 친구 입장만 배려하다 보면 정작 나 자신이 너무 힘들어져요. 이는 바람직한 친구 관계가 아니랍니다.

자기 입장만 생각하는 친구가 얄미워요

5~6교시에 연속으로 체육을 했더니 다른 날보다 배가 더 고파요. 그런데 같이 하교하던 친구가 떡꼬치를 사 먹을 동안 옆에서 기다려 달라네요? 내가 돈이 없고, 학원도 빨리 가야 하는 걸 뻔히 알면서요. 이런 상황에서 나는 어떻게 해야 할까요?

정답 1

달콤한 떡꼬치 냄새를 맡으며 가만히 있기는 무척 괴롭죠. 아마 친구도 너무 허기지고 힘들어서 미처 나를 배려하지 못했을 거예요. 하지만 "같이 나눠 먹을래?"라고 물어봐 주었다면 얼마나 좋았을까요. 친구가 깜빡 잊고 미처 나를 배려해 주지 못한 것이라면 무작정 참고 기다리기보다는 솔직하게 마음을 표현해 보세요. 그럼 친구도 자신의 실수를 깨닫고 "우리 같이 먹을래?" 하고 물어봐 줄 거예요. 솔직하게 이야기하는 것이, 서운한 마음을 참거나 버럭 화를 내는 것보다 훨씬 현명한 행동이랍니다.

반대로 내가 친구와 나누지 않고 혼자 독차지한 적은 없는지, 내 사정만 강요한 적은 없는지 생각해 보세요. 옛 속담에 '콩 한 쪽도 나눠 먹는다'는 말이 있어요. 다른 사람과 나누어 먹으면 내가 먹을 양은 적어지지만 대신 마음은 더 풍성해진답니다.

배려하는 태도를 길러요

친구의 입장이 되어 생각해 보세요.
친구에게 필요한 것이 무엇인지 관심을 가지고 살펴보세요.
친구의 불편함을 먼저 알아차리고 도움을 주는 것이 바로 '배려'랍니다.

친구가 내 필통을 마음대로 뒤져요

친구가 자꾸만 내 필통을 허락 없이 뒤지고 필기구를 막 가져다 써요. 친구 때문에 필통 속이 엉망이 되었어요. 이럴 땐 어떻게 해야 할까요?

필통이 없어지거나 필통 속이 엉망이 되면 당황스럽다고 솔직하게 말한다.

친구는 절대 안 바뀔 것이다. 스트레스가 심하지만 그냥 꾹 참는다.

친구도 내 기분을 느껴 볼 수 있게, 나도 친구의 서랍을 마구 뒤진다.

필통 없이 연필과 지우개만 들고 다닌다. 친구한테 스트레스 받느니 그 편이 낫다.

정답은 다음 쪽에서 확인!

정답 1

우리 집에 놀러온 친구가 내 물건을 마음대로 만지고 제자리에 두지 않으면 마음이 어때요? 맞아요. 은근히 신경 쓰이고 불쾌하기도 해요. 엄연히 내 물건인데 함부로 만지면 나를 우습게 생각하나 하는 마음까지 드니까요. 그러니 친구의 물건을 만질 때에는 허락을 구하는 게 먼저예요. 그 물건이 친구에게는 꽤 특별한 의미가 있는 소중한 물건일 수 있거든요. 만약 친구가 이런 기본적인 예의도 지키지 않는다면 혼자서 끙끙 스트레스 받지 말고 정중하게 내 생각을 말해 보세요. "나 이거 써도 돼?"라고 물어봐 달라고요. 아마 친구는 다시는 같은 실수를 반복하지 않을 거예요. 그리고 나도 친구의 물건을 빌렸을 때는 얼른 쓰고 반드시 돌려주도록 해요. 내 물건이 소중한 것처럼 친구의 물건도 소중하니까요.

내 물건을 함부로 쓰는 친구에겐 이렇게!

다 쓰고 나면 꼭 돌려줘.

나한테 소중한 물건이거든.

내 물건 쓰기 전에 먼저 물어봐 줘.

필요한 거 얘기하면 빌려줄게.

 친한 친구끼리는 물건을 함께 나눠 쓰는 경우가 많아요. 그렇지만 어떤 물건은 나에게 특별히 소중해서 함께 쓰기 어려운 경우도 있어요. 그럴 땐 친구에게 여러분의 마음을 분명히 이야기하세요. 그러면 친구도 나의 영역을 존중해 줄 거예요.

친구가 내 말을 자주 가로채요

내 친구는 척척박사, 만물박사예요. 책을 많이 읽어서 모르는 게 없어요. 그래도 그렇지, 내가 무슨 얘기만 하면 죄다 아는 척하면서 내 말을 가로채요. 너무 기분이 나쁜데, 어떡해요?

친구에게 내가 말하는 중이니 조금만 기다려 달라고 부탁한다.

나도 똑같이 끼어들어 다시 말을 가로챈다. 언제까지 당하고만 있을 수 없다.

친구가 나보다 똑똑해서 어차피 말로는 못 이긴다. 그냥 포기한다.

정답은 다음 쪽에서 확인!

정답 1

내가 너무 좋아하고 잘 아는 주제여서 재미있게 들려줄 참이었는데, 친구가 끼어들어서 김이 빠졌겠어요. 이처럼 내가 한창 말하고 있는데 친구가 탁 끊거나 앞으로 나서면 많이 속상하지요. 친구가 너무 과도하게 내 말을 끊고 자기 말만 한다면, 내가 먼저 말하면 안 되냐고 당당하게 요구해도 좋아요.

그리고 여러분, 많은 사람들이 좋아하고 따르는 사람들의 공통점이 무엇인지 아나요? 바로 다른 사람의 말을 끝까지 잘 들어 주는 '경청'하는 사람이에요. 지적하고 싶고, 아는 척하고 싶고, 참견하고 싶은 마음을 꾹 누르고 다른 사람의 말에 집중하는 건 참 쉽지 않아요. 마음이 넓고 여유로운 사람만이 가능하지요. 조금 어렵겠지만 친구의 말을 끝까지 듣고 충분히 공감해 주는 습관을 길러 보아요.

말을 가로채는 친구에겐 이렇게!

 잘난 척, 아는 척하는 친구들은 대개 자신의 행동이 친구들을 얼마나 불편하게 하는지 잘 모를 때가 많아요. 얄밉다고 그냥 내버려두지 말고 진심을 담아 친구에게 충고해 보면 어떨까요?

친구 뜻대로 맞춰 주려니 힘들어요

친구는 '급식 먹고 운동장에서 놀자! 하교 후에 떡볶이 사 먹자! 주말에 놀이터에서 만나자!' 등 요구가 엄청 많아요. 친한 친구라 거절도 못 하겠어요. 이럴 땐 어떻게 해야 하죠?

참을 만큼 참았다면 버럭 화를 내서 친구의 잘못을 알려 준다.

친구한테 당한 것을 순둥한 다른 친구에게 똑같이 해서 스트레스를 푼다.

매번 양보만 하지 말고, 친구에게 서로 원하는 것을 번갈아 하자고 제안한다.

정답은 다음 쪽에서 확인!

정답 3

이해심이 넓고, 배려심이 많은 아이는 계속 양보만 해야 하나요? 그래도 되는 걸까요? 절대 그렇지 않아요. 왜냐하면 친구의 이해심과 배려심도 언젠가는 바닥이 날 테니까요. 양보는 어느 한쪽만 일방적으로 받는 것이 아니라, 두 명이 서로 주거니 받거니 하는 거예요. 예를 들어, 보드게임을 할 때도 친구가 하고 싶은 게임과 내가 하고 싶은 게임을 정해서 공평하게 번갈아 하는 것이 좋아요. 친구에게 내내 휘둘리며 무조건 맞춰 줄 필요는 없어요. 한쪽만 일방적으로 양보하는 우정은 결코 오래가지 못하며, 진짜 우정이 아니랍니다.

진짜 우정은 균형이 필요해요

깨알 우정 시소를 탈 때 균형이 맞아야 즐겁게 놀 수 있듯이, 우정도 서로의 입장을 생각하고 배려하는 균형이 맞아야 오래 지속될 수 있답니다. 내가 할 수 있는 만큼만 양보해도 충분하다는 걸 꼭 기억하세요.

11 학급 회장이 힘들어 보여요

우리 반 학급 회장으로 민혁이가 뽑혔어요. 그런데 회장으로서 학급 일을 열심히 하고 친구들도 틈틈이 돕는 민혁이가 조금 힘들어 보여요. 여러분은 그런 민혁이에게 어떤 마음이 드나요?

일일이 말하지 못했지만 정말 고맙다. 칭찬 쪽지를 적어 넣어서 내 마음을 전한다.

학급 회장이 반을 위해 봉사하는 건 당연한 일이다.

학급 회장은 힘들고 바빠 보이니, 나는 절대 회장 선거에 나가지 않을 것이다.

정답 1

민혁이는 학급 회장이 되려고 선거에 출마했고, 열심히 봉사하겠다고 공약을 내걸었을 거예요. 그리고 친구들이 학급 회장으로 뽑아 주었으니 책임감을 가지고 반을 위해 노력해야겠지요. 하지만 학급 회장이라고 해서 당연히 봉사해야 하는 건 아니에요. 이 세상에 당연한 봉사는 없어요. 어떤 친구가 다른 사람을 위해 배려하고 봉사하는 모습을 본다면, 고마운 마음을 많이 표현하도록 해요. 그 친구를 향해 엄지를 치켜들어 주거나 학교 칭찬 게시판에 글을 올려도 좋아요. 고마운 마음은 여러 번 표현해도 지나치지 않아요.

또 회장 친구가 반을 위해 어떻게 봉사하는지 잘 봐 두었다가, 내가 학급 회장이 되었을 때 나도 학급을 위해 봉사해 보도록 해요. 봉사는 '받는 사람'도, '하는 사람'도 행복해지는 마법 같은 일이랍니다.

고마운 마음은 넘치게 표현해요

 내가 진심으로 고마워하고 칭찬하면 친구도 똑같은 마음을 품고 나에게 가까이 다가올 거예요. 고마운 마음을 자주 표현하는 것만으로도 좋은 친구를 많이 사귈 수 있답니다. 자, 연습해 볼까요? "고마워, 친구야!"

싸운 친구와 화해하고 싶어요

며칠 전에 친구와 싸웠어요. 그땐 너무너무 화가 났는데, 이제는 그만 화해하고 싶어요. 그런데 마음과 달리 입이 안 떨어져요. 어떡하죠?

진심을 담아 쓴 사과 쪽지를 조용히 건넨다.

친구가 먼저 시비를 걸었으니까 친구가 사과할 때까지 기다린다.

화해하고 싶지만 먼저 사과하면 왠지 지는 것 같다. 그냥 다른 단짝을 찾는다.

정답은 다음 쪽에서 확인!

정답 1

매일 학교에서 오랜 시간 같이 지내다 보면 친구끼리 싸울 수 있어요. 싸우지 않았다면 더 좋았겠지만, 얼마든지 화해할 수 있으니 괜찮아요. 즉, 싸우더라도 잘 화해하는 것이 중요해요.

물론 먼저 미안하다고 말하는 게 얼마나 어려운지 잘 알아요. 먼저 사과하는 순간, 진 것 같은 기분이 들기도 하지요. 또 친구가 더 많이 잘못했다면 당연히 사과도 친구가 먼저 해야 할 것 같고요.

하지만 진정한 친구는 잘못의 크기를 따지지 않아요. 정말 잃고 싶지 않은 친구라면, 내 실수의 크기와 친구 실수의 크기를 비교하지 마세요. 그리고 용기를 내서 다시 친하게 지내자고 손을 내밀어 보세요. 내가 먼저 마음을 열면 친구도 똑같이 마음을 활짝 열 거예요. 얼굴을 보고 직접 말하기 어렵다면 편지나 쪽지, 문자 메시지로 해도 좋아요. 단, 여러분의 진심을 꾹꾹 눌러 담아야겠지요?

먼저 화해의 손길을 내밀어요

 싸웠다가 화해한 친구들은 그다음이 훨씬 중요해요. 또다시 같은 일로 싸우지 않으려면, 서로 다른 생각과 입장을 솔직하게 터놓고 이야기해야 해요. 무엇보다 서로를 이해하려는 노력이 꼭 필요하답니다.

13 친구에게 거짓말로 둘러댔어요

친구가 일요일에 도서관에 같이 가자고 해요. 숙제하는 걸 도와 달래요. 그런데 솔직히 피곤하고 귀찮아서, 엄마 생일이라고 거짓말을 해 버렸어요. 금방 들통날 거짓말이라 마음이 너무 불편해요. 어떡하죠?

정답 ②

저런! 나도 모르게 거짓말이 나와 버렸군요. 처음에는 그럴싸한 핑계로 부탁을 거절해서 몸이 편했을 거예요. 하지만 시간이 지날수록 죄책감이 짐처럼 쌓여 점점 무거워지지요. 결국 마음이 너무 불편해져서 다른 일이 손에 잡히질 않아요. 그러니 거짓말 뒤에 숨지 말고 솔직한 마음을 전하는 것이 가장 좋답니다.

물론 친구의 부탁을 전부 들어줄 필요는 없어요. 때로는 거절도 할 줄 알아야 해요. 그런데 거절할 때 가짜 핑계를 대지 않는 게 중요해요. 가짜 핑계는 다른 말로 '거짓말'이랍니다. 아마 친구는 거절을 당한 것보다 믿었던 친구가 나를 속였다는 사실에 더 화가 날 거예요. 혹시 순간의 실수로 거짓말을 했다면, 불편한 마음을 계속 가지고 있지 말고 뒤늦게라도 친구의 부탁을 들어주려고 노력하는 것도 좋은 방법이에요. 다시 한번 말하지만, 거절은 해도 거짓말은 안 돼요. 가짜 핑계를 대는 것도 버릇이 되니까요.

핑계와 거짓말은 멀리해요

도서관 가기 귀찮아서 얼떨결에 거짓말했어.

미안해. 진심이 아니었어.

너한테 거짓말하고 나니 마음이 무거워서 아무것도 못 하겠더라.

다음부터는 핑계 대지 않고 솔직하게 말할게.

거짓말을 자주 하면 내가 진실을 얘기해도 아무도 나를 믿지 않고 모두 외면할 거예요. 거짓 없는 진실한 마음으로 대해야 진정한 친구를 사귈 수 있답니다.

아픈 친구가 오랜만에 등교했어요

체육 시간에 달리기를 하다가 다리를 다친 친구가 일주일 만에 다시 등교했어요. 친구 얼굴을 보니 무지 반가웠어요. 이 마음을 어떻게 표현하면 좋을까요?

다 나은 것 같으니 마음 쓰지 않아도 된다. 그냥 가만히 있는다.

너무 반가워하면 친구가 부담스러울 수 있으니 가볍게 손만 까딱한다.

반갑게 인사한 후, 목발을 짚고 다니면 불편할 테니 도와주겠다고 말한다.

정답 ③

내가 아프거나 힘들 때 누군가 괜찮냐고 물어봐 주면 그 마음이 참 고맙잖아요? 아마 다리를 다친 친구는 그동안 몸과 마음이 많이 힘들었을 거예요. 그런 친구의 마음을 헤아려 걱정해 주는 말, 위로해 주는 말을 가만히 건네 보세요. 아플 때 함께 걱정해 주는 친구는 오래도록 기억에 남는답니다. 그러니 내가 말하지 않아도 다 알 거라고 넘겨짚거나 조금 부끄럽다는 이유로 친구에게 해 주고 싶은 말을 삼키지 말아요. 그리고 여러분이 친구에게 위로와 응원의 말을 많이 할수록, 여러분이 힘든 일을 겪게 되었을 때 그 말들이 고스란히 돌아온답니다. 꼭 기억하세요!

진심을 담아 위로하고 응원해요

 힘든 친구에게 대단한 도움을 주려 하기보다는 따뜻한 말 한마디를 건네 보세요. 아픔을 공감해 주는 말, 용기를 북돋워 주는 말은 상대방에게 큰 위로가 될 뿐 아니라 감동도 선사하지요. 친구가 그 무엇보다 고마워할 거예요.

친구가 모둠 활동을 방해해요

모둠별로 긴줄넘기 연습을 해야 하는데 친구가 힘들다고 짜증을 내며 훼방을 놓아요. 이럴 땐 어떻게 하는 것이 좋을까요?

1. 나도 슬슬 하기 싫었는데, 친구를 핑계 대면서 곧장 관둔다.

2. 친구가 힘을 낼 수 있도록 듬뿍 칭찬해 준다.

3. 선생님께 이르고 모둠원을 바꿔 달라고 요청한다.

4. 긴줄넘기로 할 수 있는 다른 놀이를 제안해 친구의 관심을 끌어 본다.

정답은 다음 쪽에서 확인!

정답 ②

다른 사람들과 공동 활동을 할 때는 여러 가지 신경 쓸 게 많아요. 저마다 생각하는 것, 느끼는 것이 다르기 때문이죠. 모두가 다 내 마음 같진 않으니까요. 긴줄넘기가 하나도 힘들지 않은 친구가 있는가 하면, 몇 번 뛰지도 않았는데 금방 흥미를 잃고 그만두고 싶어 하는 친구들도 있어요. 모두가 힘을 합쳐서 끝까지 연습하려고 애쓰면 좋겠지만, 모둠 활동에 딴지를 거는 친구가 있다면 좋은 말로 잘 타일러야겠지요. 단, 친구가 기분 나쁘지 않게 말이죠.

친구를 잘 타이르는 방법이 있냐고요? 그럼요. 먼저 친구가 가진 장점을 듬뿍 칭찬하세요. 칭찬을 받으면 누구나 기분이 좋아지거든요. 그런 다음 조금만 더 노력하면 잘할 수 있을 거라고 응원해 주는 거지요. 그러면 친구는 물론 나도 덩달아 으쌰! 힘이 나고 의욕이 솟을 거예요.

기분 나쁘지 않게 타이르고 격려해요

깨알 우정 러시아의 속담 중에 '칭찬은 큰 소리로 하고, 비난은 작은 소리로 하라'는 말이 있어요. 조금 힘들겠지만 마음대로 되지 않아 심통이 난 친구를 비난하지 말고, 칭찬으로 용기를 북돋워 주세요.

친구가 자꾸 약속을 어겨요

친구와 아침에 만나서 같이 등교해요. 친구랑 함께하는 등굣길은 늘 즐거우니까요. 그런데 친구가 꼭 오 분 씩 늦어요. 시간 약속을 번번이 어기는 친구한테 정말 화가 나요. 이럴 땐 어떡하죠?

친구에게 홱! 등을 돌려 내가 화가 났다는 것을 확실하게 알려 준다.

서운한 마음을 솔직하게 털어놓는다.

이 정도는 그냥 봐준다. 그럼 내가 다음에 약속을 어겨도 미안하지 않을 것이다.

어차피 친구는 늦게 올 테니, 나도 일부러 늦게 나간다.

정답은 다음 쪽에서 확인!

정답 ②

친구가 자꾸 약속을 어기면 아무리 친한 사이라도 서운한 마음이 들지요. 또 내가 친구에게 전혀 중요하지 않은 사람 같고, 심지어 친구가 나를 무시하는 느낌도 들어요. 친구를 기다리느라 버려지는 시간도 아깝고 나만 손해 보는 것 같고요.

누군가와 약속을 했다면 반드시 지켜야 해요. 모든 약속은 소중하니까요. 그래서 지킬 수 없는 약속은 해서는 안 됩니다. 급한 일이 생겨 도저히 약속을 지킬 수 없을 것 같으면 최대한 빨리 친구에게 말해 주어야 해요. 그래야 친구가 하염없이 기다리지 않고 다른 결정을 내릴 수 있지요. 무엇보다 약속을 자꾸 어기면, 어느 순간 사람들이 나를 믿지 않을 거예요. 그리고 아무리 친한 친구라 해도 무조건 용서하고 이해해 주어야 하는 건 아니에요. 그럴 땐 조심스럽게 친구에게 속마음을 알려야 해요. 그러면 친구도 약속을 어기지 않도록 노력할 거예요.

약속을 소중히 여겨요

번번이 약속을 깨는 친구에게 솔직하게 말해 보세요.
친구도 진심으로 미안해할 거예요.

 아무리 사소한 약속이라도 어기는 것은 거짓말을 하는 것이나 같아요. 그러니 친구와 약속을 하기 전에 신중하게 생각하면 좋겠어요. 지키지 못할 약속은 처음부터 하지 않는 것이 좋겠지요?

17 친구가 자기 말이 옳다고 우겨요

다음 주에 현장 체험 학습을 가요. 아쉽게도 선생님이 놀이공원은 아니라고 하셨지요. 그런데 쉬는 시간에 지민이가 놀이공원에 가는 게 확실하다고 계속 우겼어요. 이럴 땐 어떻게 해야 하죠?

나도 내 의견을 굽히지 않고 끝까지 우긴다.

친구를 비난하면서 우기는 버릇 좀 고치라고 말한다.

선생님께 다시 확인해 보자고 말한다.

친구가 우길 때는 이유가 있을 테니 그냥 믿어 준다.

정답 ③

자기 말이 확실하다고 우기는 친구들이 가끔 있어요. 너무나 단호한 표정까지 지으면 정말로 그 친구 말이 맞는 것 같아서 나도 모르게 고개를 끄덕이게 되지요. 게다가 목소리는 또 얼마나 크다고요.

하지만 친구의 말이 항상 맞는 건 아니랍니다. 그러니까 친구의 말을 곧이곧대로 믿을 필요는 없어요. 때로는 친구에게 "그렇게 장담하는 이유가 있어?"라고 물어보세요. 만약 친구가 제대로 대답하지 못하고 우물쭈물한다면, 이렇게 말하세요. "그럼 네 말이 맞을 수도 있고, 틀릴 수도 있겠다. 좀 더 확실해질 때까지 기다리자." 라고요.

반대로 친구들이 내 말을 믿어 주지 않으면 참 속상할 거예요. 그럴 때 무작정 우기지 말고, 친구들이 신뢰할 수 있는 정보를 바탕으로 사실만 이야기하는 습관을 기르면 좋겠어요.

친구의 말이 다 옳진 않아요

무작정 우기는 친구에게 해 주고 싶은 말을 빈칸에 적어 보아요.

깨알 우정 친구가 내 말을 믿게 하려면 내가 먼저 친구에게 신뢰를 주어야 해요. 상황을 모면하려고 둘러대거나 분위기를 띄우려고 과장하는 것은 줄이고, 늘 솔직하게 말하고 행동하도록 노력하세요.

친구가 내 이름을 가지고 놀려요

친구가 내 이름 중에서 글자 하나를 바꿔 '주전자'라고 부르며 놀려요. 친한 친구이고 나쁜 의도가 없다는 걸 알지만, 마음이 불편해요. 어떡하죠?

더는 참기 힘들어서 선생님께 곧장 이른다.

친한 친구니까 이 정도 장난은 내가 참아 줘야 한다.

부모님이 지어 준 소중한 이름이니 똑바로 불러 달라고 단호하게 말한다.

정답은 다음 쪽에서 확인!

정답 ③

이름을 한두 글자 바꿔서 부르는 친구들이 가끔 있어요. 아무리 친한 사이라도 듣는 사람 입장에서는 기분이 나쁠 수 있지요. 또 한두 번은 넘어가 줄 만큼 사소한 일이라 여겼으나, 장난이 반복되면 감정이 점점 쌓여 어느 순간 폭발할 수도 있어요. 친구는 나쁜 의도가 없고, 그냥 장난스러운 마음에 그러는 걸 알지만요. 이럴 때는 선생님께 무작정 이르기보다, 내가 기분이 많이 나쁘다는 것을 확실히 알려 주는 것이 중요해요. 정작 친구는 이런 내 마음을 모르고 있을 수 있거든요. 때로는 단호하게 "장난치지 말아 줘. 그 장난은 좀 심해."라고 말할 수 있어야 해요.

아무리 작은 장난이라도 친구에겐 상처가 될 수 있어요. 나도 모르게 다른 친구의 마음을 상하게 한 적은 없는지 친구의 입장에서 생각해 보세요. 미처 알지 못했던 친구의 마음이 보일지 몰라요.

선을 넘는 장난은 그만!

깨알 우정 나는 친구가 좋아서, 친한 사이니까 장난을 친 건데 친구가 버럭 화를 낸 경우가 분명 있을 거예요. 아무리 가까운 사이라도 하지 말아야 할 행동, 지켜야 할 선이 분명 있답니다. 친구의 감정을 인정하고 배려하는 것이 진짜 우정이라는 사실, 꼭 기억하세요.

친구가 둘만의 비밀을 떠벌려요

단짝 친구 여섯 명이 모인 단톡방이 있어요. 그런데 친구가 우리 둘 사이에 있었던 일을 자꾸 단톡방에 올려요. 친구를 믿었는데 기분이 좋지 않아요. 어떻게 해야 하죠?

나도 친구의 비밀을 폭로한다. 맞불 작전!

개인적인 일을 웃음거리로 만들지 말라고 단호하게 말한다.

아무도 믿을 수 없다. 친구와 겉으로만 친하게 지내고 마음의 문을 꼭 닫는다.

정답 ②

누구에게나 비밀이 있어요. 만약 단짝 친구를 철석같이 믿는다면 비밀을 털어놓을 수 있지요. 하지만 '발 없는 말이 천 리 간다'는 속담도 있듯이, 영원한 비밀은 없답니다. 내가 털어놓은 비밀은 다른 친구들 귀에 들어갈 확률이 아주 높아요. 그 친구가 나와의 약속을 잘 지키는 친구라고 해도 말이죠. 그러니 친구들이 정말 알면 안 되는 비밀은 말하기 전에 신중, 또 신중해야 해요. 또는 대단한 비밀은 아니지만 친구들 입에 오르내리는 걸 원치 않는다면, 친구에게 다른 사람에겐 말하지 말아 달라고 미리 부탁하는 것도 방법이에요. 무엇보다 가장 중요한 것은, 친구의 사생활을 함부로 말해서 웃음거리로 만들면 안 돼요. 나는 별것 아니라고 여기는 것도 사람에 따라서는 매우 중요한 문제일 수 있거든요. 그러면 상대방은 모욕감을 느낄 수도 있답니다. 그러니 친구의 개인적인 일을 농담처럼 얘기하는 행동은 하지 않기로 해요.

서로의 사생활을 존중해요

깨알 우정 친구가 악의 없이 가볍게 한 말인 경우엔, 내가 상처받았다는 것을 말하기 어려울 수 있어요. 괜히 내가 예민하게 구는 것 같으니까요. 하지만 마음이 불편하다면 내 생각을 분명히 밝혀야 해요. 그래야 친구가 여러분의 마음을 알게 되어 말과 행동을 조심할 테니까요.

친구가 내 탓을 해요

사회 시간에 모둠별로 '세계의 음식' 발표 준비를 하고 있어요. 내가 큰 종이에 글씨를 쓰고 있는데 친구가 "글씨가 너무 비뚤어졌잖아. 우리 발표 망치면 네 책임이야!"라고 했어요. 이럴 땐 어떻게 해야 할까요?

나에게 글씨 쓰는 역할을 맡긴 친구를 탓한다.

모둠이 함께하는 과제이니 부족한 점은 서로 도와주자고 말한다.

기분이 나빠서 친구와 절교하고, 선생님께 다른 모둠으로 바꿔 달라고 말한다.

모둠 친구들에게 피해를 주었으니 사과한다.

정답은 다음 쪽에서 확인!

정답 ②

"토끼 잘못이 아니야."

"우리가 도와주자."

모둠을 위해 최선을 다하고 있는데, 친구에게 '너 때문에'라는 말을 들으면 큰 상처가 되지요. 모둠 활동을 할 때 제일 중요한 것은 무엇일까요? 글씨를 예쁘게 쓰는 능력일까요? 큰 소리로 똑부러지게 발표하는 능력일까요? 아니요! 제일 중요한 것은, 모둠 친구들의 협동심이에요. 마음을 한데 합하는 것이 중요하지요. 그래서 모둠 활동 때 절대 하면 안 되는 말은 "너 때문이야.", "네 책임이야."입니다. 한 사람의 잘못으로 몰아가면 안 돼요. 혹시 친구로부터 그 말을 들었다면, 분명히 말해 주세요. "그렇게 말하지 말아 줘. 이건 우리가 다 같이 하는 거지, 나 혼자 하는 게 아니야."라고요. 기분이 나쁘다고 소리를 꽥 지르며 화낼 필요는 없어요. 다른 모둠 친구들까지 민망해지고 분위기가 안 좋아지니까요. 친구에게 침착하고 단호하게 "이건 내 잘못이 아니야."라고 말해 보세요. 알겠지요?

주눅 들거나 울컥하지 말고 당당히!

내 잘못이 아니라면 나를 탓하는 친구에게
여러분의 생각과 마음을 차분히 전해 보세요.

열심히 하고 있는데,
내 잘못이라고 하니
서운해.

우리 서로 부족한
점을 채워 주자.

모둠 활동은
나 혼자 하는 게
아니야.

 모둠 활동에서 역할을 정할 때 각자 가장 자신 있고 잘하는 것을 맡으세요. 그러면 모둠 활동이 훨씬 원활하고, 좋은 아이디어도 많이 나온답니다.

87

21. 친구가 툭하면 욕을 해요

짜증이 날 때마다 욕을 하는 친구 때문에 반 아이들이 모두 불편해해요! 반 분위기도 엉망이고요. 이럴 땐 어떡하죠?

친구가 하는 욕을 똑같이 따라 한다. 친구한테 만만하게 보여선 안 된다.

욕하는 친구가 무서워 아무 말 하지 않는다. 그런 친구는 모르는 척하는 게 편하다.

친구가 거친 말을 쓸수록, 반대로 더 고운 말을 쓴다.

정답은 다음 쪽에서 확인!

정답 3

어떤 친구는 거친 말을 섞어 쓰면서 자신의 짜증스러운 마음을 표현하기도 해요. 모든 순간이 기분 좋고 행복할 순 없으니, 당연히 화나고 짜증 날 때가 있지요. 문제는 이 마음을 어떻게 잘 다스리냐인데 나쁜 말, 거친 말, 험한 말로 표현하는 버릇은 정말 좋지 않아요. 여러분 중에 이런 버릇을 가진 친구가 있다면, 지금도 늦지 않았어요. 이제부터라도 욕은 하지 않으려고 의도적으로 노력해야 해요.

그리고 나는 욕을 하지 않는데, 친한 친구가 자꾸만 그런 말을 쓰면 나에게도 그 말투가 전염된답니다. 나도 모르게 그 말을 따라 하게 되지요. 하지만 무심코 쓰는 그 말이 상대방의 기분을 나쁘게 하고 마음에 큰 상처를 남겨요. 그러니 욕이 습관처럼 튀어나오지 않도록, 바르고 고운 말을 쓰도록 노력하세요.

욕하는 친구에겐 이렇게!

깨알 우정 욕은 사람들에게 나쁜 인상을 줄 뿐 아니라 아주 예의 없는 행동이에요. '가는 말이 고와야 오는 말이 곱다'는 속담처럼, 내가 먼저 매너 있게 말해 보세요. 분명 상대방도 다정하게 말을 할 거예요. 말 한마디에 나의 인격과 교양이 드러난다는 사실, 잊지 말아요.

상을 받은 친구가 샘나요

단짝 친구가 교내 미술대회에서 최우수상을 받았어요. 반면 나는 아무 상도 받지 못했어요. 친구를 축하해 줘야 하는데, 너무 속상하고 친구한테 질투가 나요. 어떡하죠?

아쉽고 속상하지만, 친구의 노력에 박수를 보내고 축하해 준다.

이번에 운이 좋아서 상을 탄 거야. 확실해!

친구의 실력을 깎아내린다. 그러면 마음이 조금 편해질 것이다.

입 꾹!

마음에도 없는 축하를 거짓으로 할 순 없으니 아무 말 하지 않는다.

축하해 주는 사람이 많으니 나까지 축하할 필요는 없다.

정답은 다음 쪽에서 확인!

정답 1

친구는 상을 받았는데 나는 받지 못하면 솔직히 많이 속상해요. 나도 열심히 노력했을 테니까요. 열심히 노력한 사람 모두 상을 받으면 좋은데 현실은 그렇지 않지요. 상의 개수가 정해져 있고, 또 모두가 상을 받는다면 상의 의미가 없어지니까요.

이럴 때 가장 필요한 것은 무엇일까요? 바로 친구의 기쁜 일을 기꺼이 축하해 주는 용기예요. 오늘은 친구가 상을 받았지만 다음에는 내가 받을 수도 있어요. 좋은 일은 모두에게 골고루 생긴답니다. 지금 당장 나에게 좋은 일이 생기지 않았다고 해서 친구를 시기하고 질투하기보다는 기꺼이 축하해 주는 넉넉한 마음을 보여 주세요. 그러면 나중에 그 친구도 나에게 기쁜 일이 생겼을 때 진심으로 축하해 줄 거예요. 우리 함께 외쳐 볼까요?

"용기야, 솟아나라!"

기꺼이 축하해 주는 용기를 가져요

진심으로 축하하는 말을 건네면 분명 나도 기분이 좋아질 거예요.
함께 연습해 보아요.

 친구에게 질투를 느끼는 마음, 속상한 마음을 애써 외면할 필요는 없어요. 누구나 갖고 있는 자연스러운 감정이니까요. 속상한 마음은 가족들에게 털어놓고 따뜻한 위로를 받아 보세요. 그리고 친구의 멋진 모습은 분명 나를 발전시키는 선한 자극이 되어 줄 거예요.

친구가 험담을 많이 해요

영주랑 떡볶이를 먹고 있는데 우리 반 친구가 지나갔어요. 반갑게 인사할 때는 언제고 친구가 사라지자 영주가 친구 험담을 시작했어요. 당황스러운 이 상황을 어떻게 해야 할까요?

친구를 불러와 정말 빵점을 받았는지 물어본다. 만약 헛소문이면 험담한 친구를 나무란다.

나도 친구와 생각이 같아서 맞장구를 치며 같이 험담한다.

친구의 시험 점수가 궁금하지 않고, 점수로 친구를 판단하지 말자고 말한다.

정답은 다음 쪽에서 확인!

친구가 다른 친구의 시험 성적을 몰래 봤나 봐요. 반갑게 인사하며 아무렇지 않은 척했지만, 공부를 못하는 친구가 마음에 들지 않았던 모양이에요. 하지만 그런 일로 친구를 험담하다니 참으로 옳지 못한 행동이에요. 모든 사람은 완벽하지 않아요. 우리는 저마다 부족한 점이 있고 약한 모습이 있어요. 어떤 친구는 성적이 별로 좋지 않고, 어떤 친구는 운동 실력이 그냥 그래요. 또래보다 키가 크지 않아서 속상한 친구도 있지요. 이렇게 다들 한두 가지씩 약점이라고 여기는 것이 있어요. 그러나 지금 내가 가지고 있는 약점이 평생 약점인 건 아닙니다. 성적도, 운동 실력도, 키도 모두 달라져요. 지금 친구가 가진 약점을 그 친구가 없는 자리에서 몰래 말하고 웃음거리로 삼는 것은 비겁한 행동이에요. 약점보다는 강점을 먼저 알아봐 주는 친구가 되면 어떨까요? 우리 함께 노력해 보아요!

친구를 긍정적으로 바라보아요

우리는 저마다 잘하는 것이 달라요.

못하는 것을 험담하는 대신 잘하는 것을 칭찬해 주어요.

친구가 뒤에서 내 험담을 하면 기분이 어떨까요? 반대 입장에서 생각해 보세요.

 친구를 험담하는 것도 습관이어서 처음에는 한두 번 하고 말던 것이 나중에는 주변의 모든 친구들을 험담하게 돼요. 습관처럼 험담하는 친구가 있다면 그 행동이 왜 나쁜지 확실히 말해 주세요.

친구가 따돌림을 당해요

언제나 혼자인 친구가 있어요. 다른 친구들이 때리거나 괴롭히는 건 아닌데 친구가 많이 외로워 보여서 마음이 불편해요. 이럴 땐 어떻게 해야 하나요?

공부하랴, 학원 다니랴 너무 바쁘다. 외톨이 친구는 나랑 상관없는 일이다.

애들이 싫어하는 데에는 그만한 이유가 있을 테니 나도 같이 따돌린다.

친구에게 문제가 있는 게 아니라면 선생님께 말씀드려 도움을 청한다.

정답은 다음 쪽에서 확인!

정답 ③

친구들과 왁자지껄 어울리는 걸 좋아하는 사람이 있는가 하면, 조용히 혼자 있는 것을 더 편안해하는 사람도 있어요. 어떤 아이는 자신감이 넘쳐서 목소리를 크게 내지만, 어떤 친구는 부끄러움이 많아서 목소리를 내지 않지요. 그런데 가끔 아무 이유 없이, 이렇게 조용하고 존재감이 없는 아이들이 피해를 입기도 해요. 워낙 말이 없으니 한두 명이 그 친구와 인사를 하지 않기 시작하면 점점 그 수가 늘어나다가 어느새 외딴섬처럼 혼자 동떨어지게 되지요. 조용한 아이들은 결국 은근한 따돌림의 대상이 되고 말아요.

다른 친구들이 다 그러니까, 나도 그래도 된다라는 생각은 아주 위험해요. 그리고 이 상황을 알고도 모른 척한다면 그 사람은 '방관자'예요. 혼자서 아픈 시간을 보내고 있을 친구를 내버려두지 말고 먼저 다가가 손을 내밀어 보세요.

가해자도, 방관자도 되지 말아요

모두의 마음이 편안하고 즐거워야 학교생활이 행복하답니다.

깨알 우정 외톨이가 되어 힘들어 하는 친구가 있다면 가능한 빨리 선생님이나 주변의 어른들께 알리고 도움을 청하세요. 나의 작은 용기가 힘든 시간을 보내고 있을 친구에게 큰 힘이 될 거예요.

25 친구의 잘못을 지적하기 어려워요

길가의 꽃을 보고 친구가 "저거 진달래지? 너무 예쁘다."라고 했어요. 하지만 그건 진달래가 아니라 철쭉이에요. 그런데 틀렸다고 말하면 친구가 머쓱할까 봐 말하기가 어려워요. 이럴 땐 어떡하죠?

내가 정답을 콕 집어 이야기해 줄 필요는 없다. 그냥 잘 모르겠다고 얼버무린다.

친구가 먼저 궁금해서 물어본 것이니 정확히 이야기해 주면 친구도 고마워할 것이다.

진달래가 맞다고 맞장구를 쳐 준다. 친구를 기분 좋게 해 주는 착한 거짓말은 모두 옳다.

정답은 다음 쪽에서 확인!

정답

친구가 알고 있는 것과 내가 아는 것이 다를 때가 있어요. 그런데 내가 아는 정보가 확실히 맞다면 친구의 말을 바로잡아 주고 싶지요. 그런데 괜히 지적질했다가 친구랑 사이가 멀어질까 봐 머뭇거리고 결국 말하지 못하는 친구들이 있어요. 진정한 친구라면 틀린 말을 했을 때 바로잡아주는 것이 맞아요. 그 친구도 여러분의 말을 절대 지적이라고 여기지 않을 거예요. 오히려 알려 줘서 고맙다고 할 거고요. 친구가 나한테 기분 나빠할까 봐 걱정하고 눈치를 본다면, 미안하지만 그 둘은 건강한 우정을 나누는 사이라고 할 수 없어요. 무엇이든 솔직하게 이야기했을 때 귀 기울여 들어 주고 잘 받아 주는 친구가 진짜 친구랍니다.

진정한 친구란?

깨알 우정 친구의 생각과 감정을 존중해 준다는 마음으로 내 생각을 자꾸 감추면, 나는 결국 친구를 거짓으로 대하는 셈이에요. 그러지 말고 나답게, 당당히 행동하세요. 그래야 친구와 건강한 우정을 나눌 수 있답니다.

 ## 진정한 친구를 찾는 법

1 단계
좋아하는 친구 떠올리기

여러분은 어떤 친구를 좋아하나요? 그 친구가 좋은 이유도 함께 적어 보아요.

(예: 내 이야기에 잘 웃어 주는 친구)

-
-
-

2 단계
싫어하는 친구 떠올리기

반대로 내 마음을 불편하게 하는 친구도 있을 거예요. 그 친구의 어떤 점이 싫은지 이유를 적어 보아요.

(예: 잘난 척하는 친구)

-
-
-

3단계
친구들에게 기억되고 싶은 내 모습 그리기

여러분은 친구들이 나를 어떤 사람으로 기억해 주면 좋겠어요? 내가 되고 싶은 '멋진 친구'의 모습을 적어 보아요.

➡ 여러분이 좋아하는 친구의 모습(장점)을 닮으려고 노력해 보세요. 또 싫어하는 친구의 행동(단점)은 거울삼아 멀리하고요. 그러다 보면 어느새 많은 아이들이 좋아하는 '멋진 친구'가 되어 있을 거예요. 이렇게 내가 먼저 멋진 친구가 되면, 나와 생각과 행동이 비슷한 친구와 자연스레 가까워져요. 그 친구가 바로 여러분의 진정한 친구가 될 확률이 높답니다. 한번 실천해 보세요!

친구 관계에 도움이 되는 말! 말! 말!

친구와 늘 사이가 좋을 수만은 없어요. 때론 상처를 받기도 하고, 큰 소리로 싸우기도 하지요. 그럴 때 아래 글귀를 가만히 읽어 보세요. 친구의 소중함을 깨닫고 친구 관계를 새롭게 다지는 데 도움이 될 거예요.

> 밝은 곳에서 혼자 걷는 것보다 친구와 함께 어둠 속을 걷는 것이 낫다.
> -헬렌 켈러

> 칭찬하는 친구보다 단점을 친절하게 말해 주는 친구를 가까이하라.
> -소크라테스

> 고난과 불행이 찾아왔을 때 비로소 친구가 친구라는 것을 안다.
> -이백

> 친구를 내 편으로 만들고 싶다면, 내가 먼저 그의 진정한 친구라는 확신을 주어라.
> -에이브러햄 링컨

> 인생에서 우정을 없애는 것은 세상에서 태양을 없애는 것과 같다.
> -괴테

좋은 친구는 별과 같다. 항상 볼 수는 없지만 항상 거기 있다는 것을 알고 있다.
-미상

친구는 세 부류가 있다. 음식과 같아서 매일 필요한 친구. 약과 같아서 가끔 필요한 친구. 질병과 같아서 항상 피해야 하는 친구.
-《탈무드》

시간이 나서 내게 오는 친구와 시간을 내서 내게 오는 친구를 구분하라.
-미상

친구에게 기대하는 것을 친구에게 베풀어라.
-아리스토텔레스

집을 가장 아름답게 꾸며 주는 것은 자주 찾아오는 친구들이다.
-랄프 왈도 에머슨

"친구 문제에 옳고 그른 게 어디 있어. 옆에 늘 있어 주면 그게 좋은 친구지."
-〈스펀지밥〉 뚱이

친구를 대할 때 나에게 하는 것처럼 소중히 대하라.
-공자

친구를 갖는 것은 또 하나의 인생을 갖는 것이다.
-그라시안

나를 더 나은 사람으로 만들어 주는 친구와 어울리세요.
-오프라 윈프리

진정한 친구는 가장 소중한 보물이다.
-벤자민 프랭클린

 초등 교과 연계

국어 2-2 10. 칭찬하는 말을 주고받아요
국어 3-2   5. 바르게 대화해요
도덕 3-1   1. 나와 너, 우리 함께
국어 4-2   3. 바르고 공손하게
도덕 4-1   3. 아름다운 사람이 되는 길
국어 5-1   1. 대화와 공감
국어 5-2   1. 마음을 나누며 대화해요
도덕 5-2   5. 갈등을 해결하는 지혜